世界の難民の子どもたち

①「アフガニスタン」のアリの話

アフガニスタンから脱出してきた、ぼくの本当の話。

＊(監修者註) 難民の定義はさまざまありますが、この本では、保護を求めて国外に逃れた人を「難民」と呼んでいます。

Ali's Story - A Journey from Afghanistan (Seeking Refuge)
Text and Illustrations ©Mosaic Films 2014
Japanese translation rights arranged with HODDER AND STOUGHTON LIMITED
on behalf of Wayland, a division of Hachette Children's Group
through Japan UNI Agency, Inc., Tokyo

世界の難民の子どもたち
①「アフガニスタン」のアリの話

2016年10月18日　初版1刷発行

監修　難民を助ける会

作　アンディ・グリン
絵　サルバドール・マルドナド
訳　いわたかよこ
（翻訳協力　株式会社トランネット）

DTP　川本要

発行者　荒井秀夫
発行所　株式会社ゆまに書房

東京都千代田区内神田2-7-6
郵便番号　101-0047
電話　03-5296-0491（代表）

ISBN978-4-8433-4988-5 C0331

落丁・乱丁本はお取替えします。
定価はカバーに表示してあります。

Printed and bound in China

世界の難民の子どもたち
①「アフガニスタン」のアリの話

ぼくはアリ。
これは、アフガニスタンから脱出してきた
ぼくの話。

ぼくたち家族は、アフガニスタンに住んでいました。
山にかこまれた、砂ぼこりのたくさんまうところです。
ほとんどの人が、まずしい生活をしています。
家もないので、テントでくらしています。

いつも、あちこちで戦闘が起こっていました。
やがてそれは、どんどん、ひどくなっていきました。
ヘリコプターが飛びかい
戦車は、みんなのいる町や村を
攻撃してくるようになりました。

ときどき、窓から
終わることのない
戦闘を見つめていました。
こわくてたまらないけど
ものすごく、心がいたくもなりました。

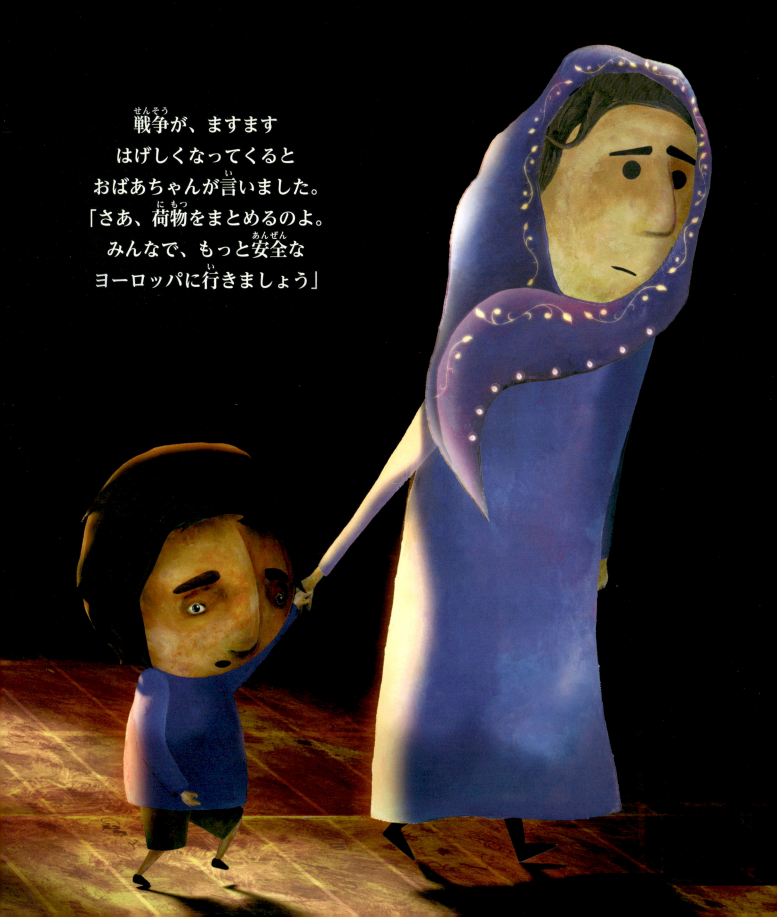

戦争が、ますます
はげしくなってくると
おばあちゃんが言いました。
「さあ、荷物をまとめるのよ。
みんなで、もっと安全な
ヨーロッパに行きましょう」

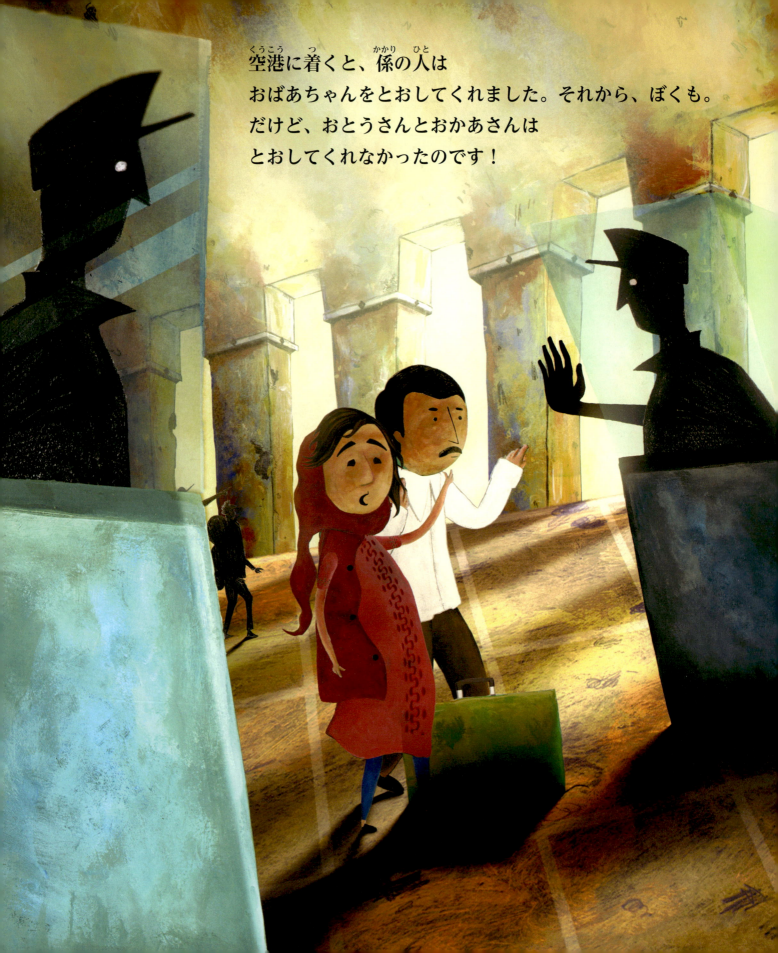

空港に着くと、係の人は
おばあちゃんをとおしてくれました。それから、ぼくも。
だけど、おとうさんとおかあさんは
とおしてくれなかったのです!

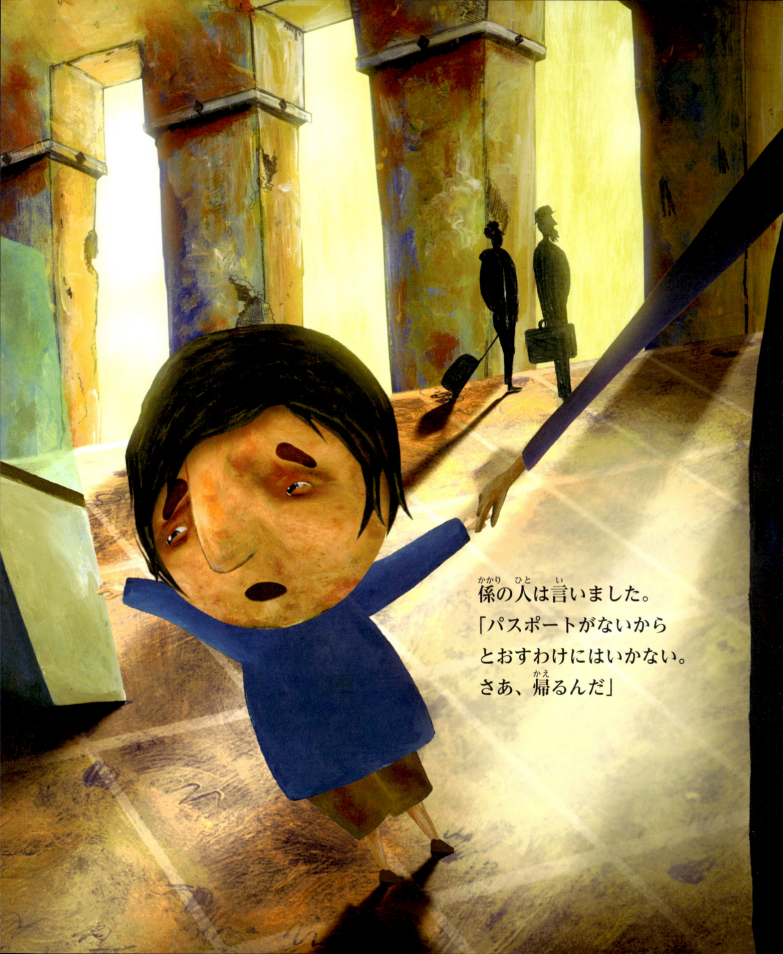

係の人は言いました。
「パスポートがないから
とおすわけにはいかない。
さあ、帰るんだ」

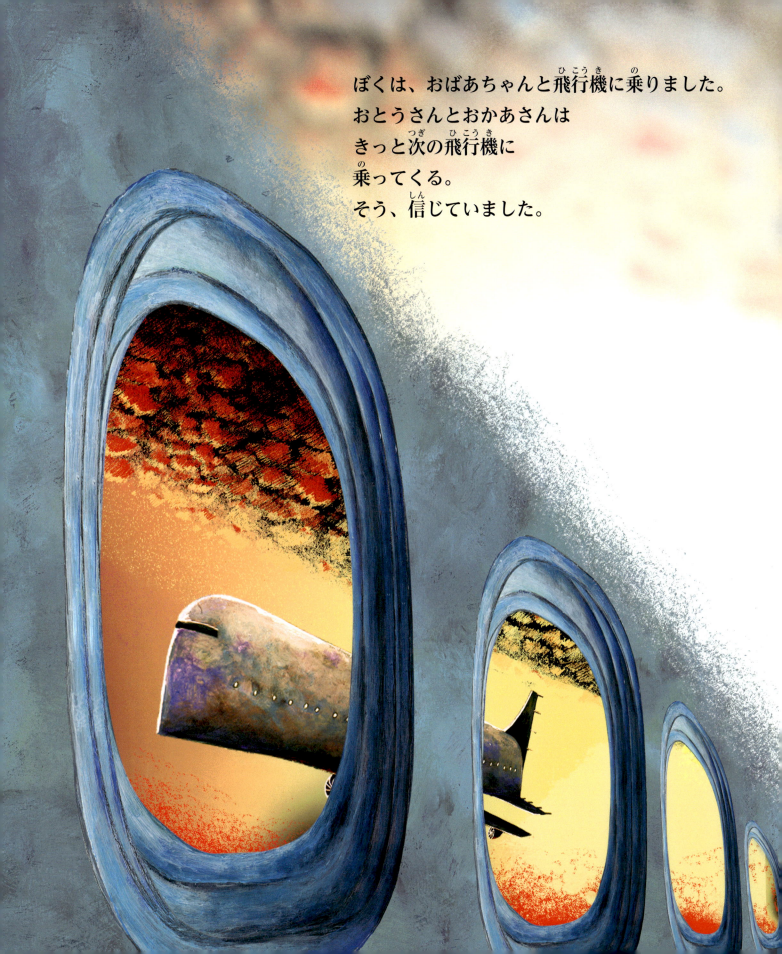

ぼくは、おばあちゃんと飛行機に乗りました。
おとうさんとおかあさんは
きっと次の飛行機に
乗ってくる。
そう、信じていました。

知らない国に着くと
次の飛行機を待ちました。
でも、おとうさんとおかあさんは
乗ってきませんでした。

知っている人もいない、初めての国。
ここにいれば、おばあちゃんとぼくは、安全でした。
でも、おとうさんとおかあさんは、どうなったんだろう？
おばあちゃんもぼくも、心細くて
どうしていいかわかりませんでした。

ときどき見る、夢があります。
学校が終わると
おかあさんがむかえに来てくれて
いっしょに家に帰ります。

けれど、目がさめると
おかあさんはいません。
おばあちゃんだけです。
それで、気がつきます
ああ……
今のは全部
夢だったんだ……

おとうさんとおかあさんは、まだアフガニスタンにいる。
戦闘が続く、あの国にいる。
そう思うと、心配で心配でたまりません。

おとうさんとおかあさんのことが
頭(あたま)から、はなれません。
夜(よる)になると、いつも涙(なみだ)が出(で)てきます。

はらが立って
しかたがないときもあるけど
たいていは
ものすごく、さびしいです。

けれど、ときどき
さそってもらえるようになりました。
やがて、サッカーができるくらい
友(とも)だちがふえました。

絵をかくのが、大好きです。
みんなは、ぼくの絵を見ると、びっくりします。
毎日、一生けんめいかいて
学校で見せています。

家族全員の絵を、かくこともあります。
おとうさんとおかあさんだけだったり
ぼくだけだったり。
正義の味方をかくことも。
ぼくは、正義の味方が大好きだからです！

4年半がたち
ある日
電話が
かかってきました……

いとこからでした。
モスクで、いのっている
おとうさんを
見た、と言うのです。

それから
おとうさんとおかあさんに
電話を代わってくれました。
あれから初めて聞く
2人の声。

2人と話せて
本当に
うれしかった
です。

この願いは
もうすぐ、かなうって信じています。
ただ、おとうさんとおかあさんのことを考えると
不安で、いてもたってもいられないので
今すぐにでも、来てほしいです。

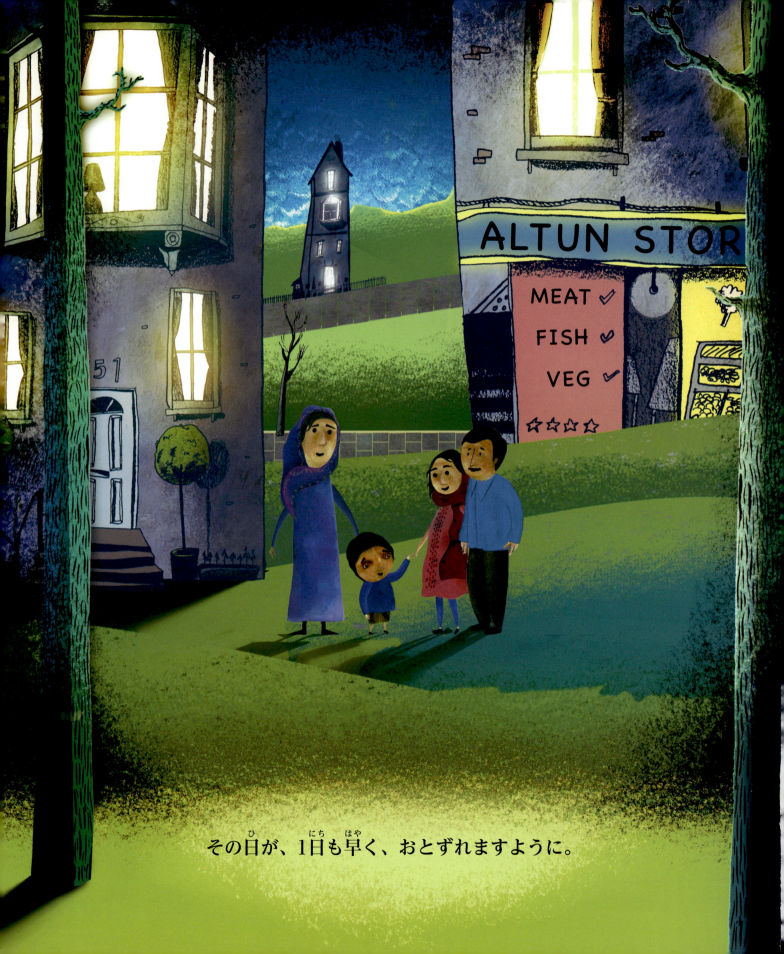

その日が、1日も早く、おとずれますように。

難民の理解のために

みなさんは「難民」と聞くと、どのような人を想像しますか。世界にはさまざまな理由で自分の故郷を捨てなければならない人々がいます。UNHCR（国連難民高等弁務官事務所）発表によると、2015年末の時点で、世界中で6,530万人が、内戦や治安悪化などによって難民や国内避難民などとして故郷を追われ、強制的に移動しなければならない状況に置かれています。

このうち、2,130万人が、母国を離れ他国に逃れている「難民」、約4,080万人が自国にとどまって避難生活を送っている「国内避難民」、そして320万人が「庇護希望者」です。いま、日本の人口は約1億3千万人ですが、世界ではその半数近くにあたる人々が故郷を追われているのです。

数字にしてしまうと、一人ひとりの顔が見えず、ただの大きな数の集団としか感じられないかもしれません。でも、その一人ひとりに、人種や宗教が違うというだけで迫害されたからとか、武力紛争が激化して安全でなくなったからとか、故郷を捨てなければならないそれぞれの理由があります。

そして、避難する長い道のりの途中で家族が離れ離れになってしまったり、地雷を踏んで手足を失ってしまったりといった、それぞれの物語があります。なんとか生き延びたとしても、難民を受け入れている国も経済的に貧しい場合も多いので、避難先で十分な食料や生活に必要な物資の支援を受けられないこともあります。学校に行けなかったり、たとえ通えても、言葉が違ったりして、授業が理解できないかもしれません。もちろん、難民となっても、逃れた先で一生懸命に努力して、生活の基盤を築き、成功をおさめる人もいます。

本書は難民となった子どもたちの実話です。いま、この瞬間にも世界のどこかで故郷を捨てて逃げている最中の子どもたちがいます。この本を読んで、そんな子どもたちの苦悩・希望・決意を少しでも想像してみてください。そして、世界の難民に対して、みなさんができることが何かないかを少しでも考えてくれたらうれしいです。

「難民を助ける会」専務理事
堀江良彰